ELNES, LUMBRES

ET

WAVRANS-SUR-L'AA

A l'Époque Féodale

Par M. l'Abbé A. COLLET

Curé de Wavrans-lez-Elnes
Membre de la Société Académique de Boulogne-sur-mer,
des Antiquaires de la Morinie et de la
Société Préhistorique Française.

BOULOGNE-SUR-MER

IMPRIMERIE G. HAMAIN

83, RUE FAIDHERBE

—

1912

8° Lk 39026

A la Bibliothèque Nationale
A. Collet p...

ELNES, LUMBRES

ET

WAVRANS-SUR-L'AA

A l'Époque Féodale

Par M. l'Abbé A. COLLET

Curé de Wavrans-lez-Elnes
Membre de la Société Académique de Boulogne-sur-mer,
des Antiquaires de la Morinie et de la
Société Préhistorique Française.

BOULOGNE-SUR-MER

IMPRIMERIE G. HAMAIN

83, RUE FAIDHERBE

1912

Elnes, Lumbres et Wavrans-sur-l'Aa

à l'Époque Féodale

par l'abbé A. COLLET

La conversion des Francs et l'extension de leur domination sur les pays gallo-romains permirent aux Evêques d'acquérir, soit par donation, soit par achat, des domaines ou *villas* plus ou moins considérables.

Rien ne contribuait davantage à attacher les populations autour de ces *villas* que l'établissement d'un oratoire chrétien. C'est ainsi qu'au VIIe siècle l'évêque Omer à qui Dagobert, le Salomon des Francs, avait confié vers la fin de l'année 637 l'administration de l'église de Thérouanne, fondée en 605 par le roi Clotaire II, son père (1), établit le régime paroissial sur le domaine de sa *villa* de Wavrans-sur-l'Aa. Cette villa devait avoir un rayon territorial aux limites fort étendues. Malbrancq la qualifie, tantôt de *vicus episcopalis*, tantôt d'*Audomari pagus* (2). Elle

---

(1) *Moriensis ecclesia, quœ totius est caput diocesis, initium sumpsit anno virginei partus 605 per liligerum Chlotarium Dagoberti patrem* (Ms. n° 5 de la Bibl. Cnale de Saint Omer).

(2) Malbrancq, *de Morinis*, lib. IV, pp. 22-23; — *Ibid. Scholia seu notœ in librum de Morinis*, p. 595.

n'était donc pas une simple maison de campagne, mais un véritable village, une sorte de canton qui se composait d'une collection de chaumières, les unes bordant la route tracée durant le cours des siècles du chemin actuel de Thérouanne, n° 192 (1), les autres échelonnées le long des rives de l'Aa depuis Remilly-Wirquin jusqu'à Lumbres.

Au temps de Charlemagne, dont la mort marque l'aurore de la féodalité, Rodoald, xie évêque de Thérouanne, avait sous sa juridiction huit cents paroisses réparties en vingt-cinq décanats (2.)

Wavrans et *Elnes* appartenaient à la circonscription appelée : *décanat de Thérouanne.* L'évêché de Morinie était le maître local terrien des deux villages. Il y possédait des biens importants, qui dérivaient de l'ancien domaine obtenu par donation de l'évêque Omer.

Vers le milieu du ixe siècle, les Normands apparurent dans la vallée de l'Aa et leurs incursions, qui avaient pour point de mire Thérouanne et sa riche cathédrale, ne manquaient jamais de détruire chemin faisant les cabanes et les églises aperçues çà et là.

---

(1) Les découvertes patientes de la préhistoire donnent souvent la certitude que les grandes voies modernes de communication remplacent les vieux sentiers ouverts à travers les âges les plus lointains, sentiers modestes, mais qui facilitaient la diffusion de la civilisation primitive. (Voir J. Déchelette, *Manuel d'archéologie préhistorique,* t. I, pp. 629-630.)

(2) Malbrancq, *ibid,* t. II, pp. 100-101.

La fréquence des attaques et des déprédations fit comprendre aux habitants du pays la nécessité de la résistance et, par suite, surgir la création de *fertés* ou postes fortifiés.

C'était encore l'enfance de l'art. Une *ferté* ou donjon primitif se composait ordinairement d'une butte en forme de cône tronqué, sur laquelle on élevait une tour.

Deux forteresses de ce genre se dressèrent alors. La première fut bâtie au point de jonction des voies préceltiques du Septemvium à Sithiu et de Lumbres à Thérouanne, près la *Motte* du tumulus découvert en mai 1901 sur l'*area* ou plate-forme de la place du marché.

Des archéologues éminents ont observé que la tour-vigie du moyen-âge était de préférence établie sur l'emplacement d'un tumulus préhistorique.

Dans son *Inventaire des Chartes d'Artois,* Denis Godefroy signale l'existence à Lumbres, en 1216, d'une muraille environnant la place de ce bourg (1). Et le cartulaire de Dom Devitte raconte qu'en l'année 1413 la *tour de Lumbres* fut restaurée en même temps que la susdite muraille, à cause des chevauchées incessantes des Anglais qui ne sortaient de Calais que pour « dégâter le pays du Boulenois en divers lieux ».

Cette première forteresse de surveillance,

(1) *Invent. chron.,* t. I, Bibl. Boulogne, ms.

construite au XIIe siècle contre les dévastations scandinaves dans la contrée, subsista longtemps. Elle commanda jusqu'à la Révolution le manoir féodal de Lumbres successivement occupé par les *de Honvault*, les *du Val*, les *de Broucnousse*, les *de Mametz*. Il n'en reste qu'une partie, suffisante néanmoins à pouvoir déterminer sa forme et ses dimensions. Les substructions ont leurs murs épais de $0^m,80$. Elles supportent un tronçon de la tour proprement dite, qui s'élève du sol à la hauteur de $4^m,80$ et présente un arc de cercle dont la corde mesure $2^m,07$; ce qui indique un donjon cylindrique, d'un diamètre hors œuvre de 5 mètres environ. A noter que ces murs sont en briques rouges cuites *au feu de bois*, ayant $0^m,23$ de long sur $0^m,11$ de large et $0^m,05$ d'épaisseur. Généralement les ouvriers reconnaissent à cette sorte de briques un degré de solidité supérieure.

Des bâtiments nouveaux remplacent l'antique demeure seigneuriale ; ils constituent l'élégante *épicerie-centrale* de M. Berteloot-Faucquez, qui a conservé, devant la difficulté de leur complète destruction, les restes bien caractérisés de son donjon primitif que je viens de décrire.

Une seconde *ferté* ou poste fortifié, datant des invasions normandes, s'érigea à Elnes dans un ilot marécageux formé par les zigzags du cours de l'Aa, dont elle recevait une défense naturelle. Cette autre forteresse de surveillance et de dé-

défense abrite le berceau du castel féodal du village.

L'église d'Elnes remonte à la même époque du xᵉ siècle. Bâtie en 961 pendant l'épiscopat de David, vingt et unième évêque de Thérouanne, qui continuait à Boulogne la résidence forcée en cette ville de ses prédécesseurs depuis l'année 881, elle périt par l'incendie, lors de la troisième incursion des hommes du Nord et elle fut reconstruite, l'an 1144, en moellons extraits des bancs crétacés de la colline de l'endroit. Cette église n'a qu'une nef et un bras de croix irrégulier percé d'un hagioscope (1) pour donner vue sur le chœur et permettre aux assistants de suivre le saint sacrifice. Elle montre toujours de sa réédification du xiiᵉ siècle un portail roman avec archivolte chargée de tores rompus et de frettes, — le carré de la tour dont la voûte est portée par quatre colonnettes d'angles aux chapiteaux diversement historiés et, — dans l'intérieur de l'édifice, — une arcade concentrique en plein cintre sur laquelle s'ouvre la chapelle de sainte Brigitte.

La vacance épiscopale du siège de Thérouanne exista plus d'un siècle (2). On conçoit qu'une

______

(1) Mot dérivé du grec : ἅγιος, saint ou sanctuaire et σκοπέω voir, regarder.

(2) *Ab anno 881, quo sub Adalberto Morinorum præsule Taruanna per Nor·hmannos Julio mense igni et ferreo evastata est, quinque insecuti episcopi, Herelandus, Stephanus, Wicfridus, David, Framericus sedem suam Bononiæ fixerunt* (881-995). Malbr., II, p. 634.

durée aussi longue ait fait perdre à l'évêché de Morinie une grande partie des biens qu'il possédait.

Pour sauver le faible temporel qui lui restait, l'évêque Milon Ier sollicita et obtint, l'an 1156, du roi Louis VII des lettres d'amortissement déclarant Thérouanne la vassale directe de la couronne de France et formant sa division territoriale connue sous le nom de *régale de Thérouanne.*

Or l'enclave que ladite *régale* dénomme : *canton de Thérouanne* englobait dans son territoire les *villages* de *Elle* ou *Henne* et *Wavrans-lez-Ene.*

Ces deux localités sont, en effet, énumérées parmi les fiefs dont les papes Callixte II, le 19 mai 1119, Adrien IV, le 24 février 1156, et Alexandre III, l'an 1179, confirment la possession à l'église de Thérouanne en ces termes identiques de leur bulle respective : « ... Ecclesia de *Enella* cum terra et hospitibus (tenanciers) ad eam per- « timentibus et parte nemoris (le bois d'Elnes) ; « — de *Waverans* cum terra et hospitibus... (1) »

A propos de la *régale* et des chartes d'affranchissement, un historien français, Dareste de la Chavanne, n'hésite pas à déclarer que les papes précités du XIIe siècle furent les principaux promoteurs de l'émancipation communale : « Ce fut,

---

(1) Voir la nomentature de *Maillard*. coutume d'Artois ; — Duchet et Giry, cart. de Thérouanne, n° 61.

« dit-il, la législation canonique qui travailla la
« première aux affranchissements dans une
« pensée chrétienne, et offrit ainsi à la législa-
« tion civile le modèle à suivre... .. Ce furent les
« papes du xııᵉ siècle Adrien IV et Alexandre III,
« qui donnèrent à ce grand mouvement d'éman-
« cipation l'impulsion la plus vive (1). »

Si l'on fouille maintenant avec soin les anciens
diplômes, leurs menus détails de donations et de
transactions, qui en font la matière ordinaire,
ménagent le plaisir insoupçonné de découvertes
attestant l'origine des divers hameaux d'Elnes,
de Lumbres et Wavrans contemporaine de celle
du centre de chacune des trois communes.

Par exemple, un acte de 1136 notifie que
Milon 1ᵉʳ, évêque de Thérouanne, confirme la
donation faite par Gérold de Wismes aux chanoines de son église d'une terre située à *Fourdebecque* (2), hameau de Wavrans. Le même
article désigne comme signataire d'une autre
cession de terre auxdits chanoines Arnulphe de
Védringhem, vocable d'un hameau dudit Wavrans distinct du précédent.

Un titre de l'année 1158 rapporte que l'église
Notre-Dame de Thérouanne jouissait d'une dîme

---

(1) Dareste, *Histoire de France*, t. II, p. 40.
(2) Cartulaire de Thérouanne, n° 17, pp. 15-16. (.... Ernulfo
de *Vindringem dedit quoque Geroldus de Wisma terram
quamdam apud Furkadebeca, Fourdebecque*, nom du hameau
situé entre Wismes et Wavrans en forme d'un long manche
de fourche.

au hameau d'*Assinghem* (1) sur Nicolas de Wavrans, son vassal (homo). Celui-ci voulant s'engager pour la deuxième croisade, prêchée par saint Bernard, aliéna son fief par contrat pignoratif, moyennant la somme de 30 marcs qu'il reçut sur l'heure. Le croisé mourut en voyage. Son frère s'empressa de rembourser au créancier la dette intégrale des 30 marcs d'argent (2), devint en vertu de la stipulation principale de la vente à réméré l'héritier légal de Nicolas de Wavrans et entra en possession pleine et entière du fief d'*Assinghem* (3).

Un autre diplôme, en date de juin 1220, évoque sur Lumbres le lieu-dit : *Maubreu* dans un don fait par Elnard, seigneur de Seninghem, à son libérateur *Arnould de Lumbres* de dix livrées de terre, soit une rente de dix livres,

---

(1) Cart. de Thérouanne, n° 33, p. 29.

(2) En 1144, le marc d'argent valait 40 sols et le sol était à six deniers de loi, c'est-à-dire moitié argent fin et moitié cuivre : *cujus media pars argentea erat*. (Le Blanc, traité des monnaies de France, pp. 162 et 163.) Pour savoir l'importance du fief d'*Assinghem* en question, il faudrait établir le rapport exact de la monnaie du XIIe siècle avec notre monnaie actuelle, solution que rendent difficile les affaiblissements et variations monétaires, qui se sont succédé à différentes époques.

(3) Dans la table alphabétique du *Cartulaire de Thérouanne* on lit au mot *Assinghem* sur la dîme d'un fief au lieu-dit de ce nom : « *Assinghem, Assinguehem* (*Pas-de-Calais, canton de Saint-Omer*) *terroir de la commune de* HOULLE *pièce* XXXX : *de decimâ de Assinghem*). » Cette attribution locale est fautive ; il s'agit ici du hameau d'Assinghem, commune de Wavrans-sur-l'Aa, dont la seigneurie appartint en vertu de la Régale de Thérouanne à l'évêché de Thérouanne jusqu'à la Révolution.

avec hypothèque sur son *moulin de Maubreu* (1).
Ce moulin est toujours là, et le touriste, qui veut
se procurer, à la descente du printemps ou à la remonte de l'automne, une belle pêche à la truite n'a
qu'à prendre et suivre à Lumbres *le quemin qui
maine à Samette à le rivière nommée Maubreu* (2).

Quelques années plus tard, en 1240, les char-
triers mentionnent pour la première fois la pa-
roisse de Lumbres : *Parochia de Lumbres*. A
cette époque le nom de *parochia*, que l'on expri-
mait en vieux langage wallon par *paroiche*,
remplaçait le terme de *vicus*, qui tombait en
désuétude depuis le viiie siècle et les deux locu-
tions *paroiche* et *église paroissiale* étaient syno-
nymes (3).

La « paroiche » était considérée comme un
fief et son église mise au pouvoir du prêtre par
une investiture analogue à celle qui permet à un
tenancier de se fixer sur un domaine. A ce der-

<hr>

(1) Grand Cartulaire, t. II, n° 153, p. 204, et t. III, p. 364.
(2) Voir le *Dictionnaire Géographique* de A. Courtois, au
mot *Maubreu*, p. 145.
(3) « *En lan del incarnacion nre s^r. m. cc. uy. XXXIX* (1299).
« ou tamps de Guyon de Dampierre *adons conte de Flandres,*
« de *Saquemon de Boulongne, evesque de Terouanne et de*
« *son frère Robert, adons prevost de Sainct Martin dyppre,*
« *fu dite en leglise de Sainct Martin avant dite...une messe*
« *en la paroiche devant dite a l'autel de Sainct Adrien,*
« *laquelle paroiche avant que les chanoines y vindrent.*
« *en 1101). fut nommée, la paroiche Sainct-Adrien* » (Arche
d'Ypres, bur. secret case 26, n° 5, registre des coutumes). Ce
texte prouve bien la synonymie des mots *paroiche* et *église
paroissiale*.

nier le seigneur remettait une motte de terre ;
au desservant il présentait l'étole, les clefs de
l'église et la corde de la cloche. Rien ne symbo-
lisait mieux une « paroiche » ou église paroissiale
du moyen âge, tenue en servitude par son patron,
que l'église elle-même, humble et basse, à côté
de l'altier donjon féodal !

Jusqu'au xie siècle les nobles aussi bien que
les vilains étaient désignés par leur nom de baptême suivi du nom de baptême de leur père.

Sous l'influence des Croisades, les féodaux
commencèrent à prendre l'habitude d'ajouter au
simple nom de baptême, trop sujet à confusion,
le nom de leur terre (res). La connaissance de ce
système onomastique va faire retrouver dans les
articles touffus, mais surabondamment étoffés, des
vieilles chartes les premiers maîtres du pays.

D'abord un titre de l'an 1175 dit que *Gautier
d'Elnes* abandonna aux religieux bertiniens le
comitatus ou droits seigneuriaux qu'il avait à
Quelmes et à Acquin dans le ressort de ses
domaines. L'acte de cette cession a pour garants
de son authenticité en qualité de témoins, outre
Guillaume de Saint-Omer, seigneur de Fauquem-
bergues, Clarembaud de Thiembronne et Jean
de Renty, les signatures de huit *scabins* (échevins) : *Ulric de Wavrans, Simon de Vilbe-
dinghe, Reinel de Setques,* etc. (1).

____

(1) Grand cart. t. I, n° 264, p. 120.

L'onomastie des seigneurs d'Elnes s'accroît nettement d'une autre indication émanant d'une bulle du pape Alexandre III, en faveur du prieuré de Renty. Au compte des pieuses libéralités que rappelle et confirme cette bulle-privilège du 20 août 1177 figure un don de *Pierre d'Elnes* de la moitié de sa terre d'*Eskerbuel* (1), hameau de la commune d'Ouve-Wirquin nommé aujourd'hui *Requebreucq* (2).

En l'année 1183, la chronique d'Andres indique *Hugues de Lumbres*, qui est pour ce village la plus ancienne expression connue de ses seigneurs particuliers. Petit fils d'une noble dame de Ferques (canton de Marquise), appelée Maisendis, veuve de Hatton de Fernes, qui avait donné à l'abbaye d'Andres, pour l'âme de son mari et de son fils, un fief important qu'elle possédait et que tenait son vavasseur, Gautier de Wadenthum, *Hugues de Lumbres* contesta la donation faite par son aïeule maternelle et il osa la reprendre sans droit. Finalement une remontrance de l'évêque Didier de Thérouanne amena l'usurpateur à reconnaître ses torts et, de plus, à céder tout ce qu'il avait de bois et de terre à Boursin et à Réty avec l'assentiment de Mahaut, sa femme, de Guillaume son fils et de son grand'père *Hugues de Lumbres* (3).

(1) Ibid. pp. 788-789.
(2) A. Courtois, *dict. géogr.* au mot *Requebreucq*, p. 201.
(3) *Chron. And.*, pp. 798 et 818.

Ce trait seul éclaire l'histoire des puissants du xiie siècle. Peuple enfant, qui aime à se dépouiller en faveur des établissements religieux et qui retire du jour au lendemain la donation ou la rogne ! Encore, l'homonymie du prénom de *Hugues* que portaient le seigneur de Lumbres et son grand'père accuse le charmant usage que la famille féodale avait de donner à l'aîné des fils le nom de son aïeul. Le même prénom, transmis ainsi de génération en génération, devenait une sorte de nom patronymique et immortel dans cette renaissance perpétuelle par l'amour de race en race. Admirable coutume que Châteaubriand a traduite de cette façon dans son *Génie du Christianisme* : « Le nouveau nom de l'enfant, l'antique « nom de son ancêtre, est répété de bouche en « bouche ; et chacun, mêlant les souvenirs du « passé aux joies présentes, croit reconnaître le « vieillard dans le nouveau-né qui fait revivre sa « mémoire (1) ».

Entre temps, messire *Gautier d'Elnes* eut son nom mêlé aux grands événements politiques de son époque. Comme homme de fief immédiat de Louis de France, fils de Philippe Auguste, notre châtelain avait à servir les intérêts de son roi et suzerain.

Malheureusement il se laissa embaucher par le

---

(1) Chap. VI, *le Baptême*, t. I, p. 65. Edit. Gabriel Roux Paris, 1857.

comte de Boulogne, Renaud de Dammartin, dans la coalition anglo-flamande de 1212, qui ne visait à rien moins qu'au démembrement de la France. Cette félonie ne lui porta pas bonheur. Les armes de Renaud tombèrent aux mains des Français à la journée de Dam, le 1er janvier 1213, et vingt-deux chevaliers, dont *Gautier d'Elnes*, et Jean de Seninghem, son voisin, furent faits prisonniers.

Un peu plus tard, ces deux mêmes personnages, ainsi qu'*Arnoud de Lumbres*, payèrent leur tribut aux idées dominantes du jour. Ils s'enrôlèrent dans la cinquième croisade et participèrent ensemble à la prise de Damiette en novembre 1219. Les deux châtelains de la vallée de l'Aa se trouvaient, l'année suivante, dans la basse Egypte quand Elnard, seigneur de Seninghem, pour marquer sa gratitude à *Arnoud de Lumbres* qui lui avait sauvé la vie, lui créa une rente de dix livres, dont l'acte précité fut signé en premier par *Gautier d'Elnes*. Ce fait ne manifeste-t-il pas l'un des heureux résultats des Croisades ? Avant ces expéditions lointaines sur une terre et sous un ciel, pour ainsi dire nouveaux, les châtelains féodaux de la même région ne cessaient de guerroyer entr'eux, au grand détriment des paysans pour lesquels il n'y avait guère de sécurité. Les croisades, on le voit, eurent pour effet de rapprocher ces seigneurs voisins rivaux dans des souffrances et des périls communs.

Je n'oublierai pas en ce moment *Eustache de Lumbres* qui était, lui aussi, un homme de guerre et avait le titre de chevalier (miles). Son nom se lit au bas d'un acte de 1214 (mars) concernant un revenu annuel sur quatre mesures de terre que Jean de Seninghem céda à l'abbaye de Sainte-Colombe à Blendecques (1). Il réapparaît, en 1226, parmi les généreux bienfaiteurs de Simon, abbé de Clairmarais, dans l'œuvre de la bâtisse de sa somptueuse église (2) et, en mai 1240, au nombre des seigneurs de la contrée acceptant, sur la demande du roi de France, la suzeraineté d'Elnard III, vu la situation topographique du château fort de Seninghem, dressé « vers le Boulonnois », d'une utilité capitale pour la défense du comté d'Artois.

Au XIIIe siècle, la famille seigneuriale d'Elnes se divisa en deux branches : la branche aînée ne quitta jamais le manoir féodal du village, la branche cadette eut sa résidence éventuelle à Saint-Omer où quelques-uns de ses membres occupèrent les plus hauts emplois.

Peut-être vaudrait il de raconter un peu les faits et gestes de ces magistrats au nom patronymique d'*Elnes* avant de poursuivre la notice des châtelains de ce village.

(1) Chronique de l'abbaye de Sainte-Colombe de Blendecques, publiée par M. Bonvarlet, président du comité flamand de Duukerque.

(2) Hist. m^r Clairmarais, t. I, p. 70.

Durant le régime féodal les grands baillis des villes commirent à des suppléants nommés *lieutenants* le soin d'instruire les affaires de leur ressort. L'un de ces nouveaux fonctionnaires fut *Jean d'Elnes*, sergent à verge du comte d'Artois. Chargé de faire « les semonces et les commande-« ments des assises et faire tenir cen que jugié y « est », en d'autres termes, de mettre les jugements à exécution, Jean d'Elnes a joué dans l'exercice de sa charge, une fois du moins, un rôle passablement dramatique.

Le jeune comte de Boulogne, moyennant « une grande planté de deniers », qui est l'argument persuasif toujours ancien et toujours nouveau, avait vendu aux bourgeois de la ville une charte d'une libéralité excessive. Elle lésait notamment les droits de suzeraineté du comte d'Artois de qui relevait le comté de Boulogne. C'est pourquoi les officiers de Robert II, profitant de l'absence simultanée de leur comte et du comte de Boulogne Robert VI, qui, à la suite des des Vêpres Siciliennes, avaient couru au secours de Charles d'Anjou, déférèrent aux hommes de loi la charte incriminable, comme gravement attentatoire à l'autorité du seigneur suzerain. Il s'ensuivit une enquête, qui amena un plaid contradictoire tenu à Boulogne le 27 mars 1286 entre le représentant du mayeur et des échevins de la ville, d'une part, et les délégués du comte d'Artois, sous la présidence de Guillaume le Poignant bailli de Saint-Omer, assisté do *Jean d'Elnes*, sergent d'Artois. Chose singulière ! L'enquête venait à peine de se terminer que, le lendemain 28, Jean d'Elnes survint tout à coup dans la salle du château et, par un véritable coup de théâtre, après avoir notifié aux gens du comte de Boulogne la saisie de la fameuse charte de 1278, leur intima l'ordre déjà notifié à Robert VI de laisser dorénavant au comte d'Artois, seigneur suzerain, l'exercice absolu de la justice dans la ville de Boulogne et, en sus, de lui payer les amendes dues, soit 3.000 livres. Puis, sans dé-semparer, Jean d'Elnes se transporta au domicile du mayeur, Colart de Croues, et il intima à ce-lui-ci « défense de se prévaloir en aucun cas des « prérogatives de la charte condamnée jusqu'à ce « qu'il en fût autrement spécifié (1) ».

Le sergent à verge Jean d'Elnes avait un fils *Elnart d'Elnes*, qui entra tout jeune dans l'échevinage de Saint-Omer. Il a son nom com-mençant la liste des dix scabins, dont le corps municipal se composait en l'année 1329, et il eut à juger en qualité de premier échevin deux individus, Jean Wasselin et Jean Malin, coupables l'un et l'autre de s'être livrés à des voies de fait contre *Artu de Lumbres*, le bou-

____

(1) Voir : Chartes d'Artois, A, 126, p. 1 ; — Hector de Rosny, *Histoire de Boulogne*, t, I, p. 200 ;—Dict. hist. de Boulogne-sur-Mer, t. I, pp. 136-152 ; —*Histoire de Boulogne-sur-Mer*, d'Hautefeuille et L. Bénard, p. 130.

teiller de Marguerite de France, comtesse d'Artois (1).

Après avoir rempli pendant quatorze années (1320-1334) les fonctions de scabins avec les Leurens d'Esquerdes, les Pierre de Hallines, les Jean de Boulogne et autres notables de la région, *Elnart d'Elnes* devint à son tour le chef du magistrat.

A l'origine le « magistrat » ou corps échevinal avait deux maires élus pour un an et simultanément en exercice. Ce système administratif, bicéphale, qui persévéra jusqu'au milieu du XIVe siècle, explique comment les registres publics désignent sire *Elnart d'Elnes* lieutenant du premier mayeur : Baudain de Desvres aux années 1334,-37-39, ayant ensuite l'autorité suprême de premier mayeur aux années 1344-46 (2).

Au cours de sa haute magistrature, sire Elnart d'Elnes fut mêlé, au sujet d'une affaire de trahison, dans un violent conflit de juridiction entre le pouvoir civil et le pouvoir ecclésiastique que représentait la cour de chrétienté ou, si l'on veut, l'official de l'évêque de Thérouanne.

En ce temps-là, Cassel était ville frontière de la Flandre alliée à l'Angleterre. Le bailli de cette ville, homme habile à ruser, pour surprendre Saint-Omer, avait soudoyé un valet qui s'était donné sans droit la *tonsure*, subterfuge qui l'au-

(1) Arch. de Saint-Omer, AB, XXI, 1er.
(2) Mém. des Ant. de la Morinie, t. V, p. 321.

toriserait à jouir, si on l'arrêtait, de ce qu'on appelait le *privilège de clergie*. La fraude, singulière en soi, mais fréquente alors, ne réussit pas. Car « le bailli de Saint-Omer ou ses gens « pri(st)rent et arrestèrent en la dite ville un « vallet banni dicelle pour ce que il estoit venu « en la ditte ville pour espier lestat de la ditte « ville, la trahir et les gens d'icelle, à l'instance « (instigation) du bailli de Cassel ». Sur le champ le valet félon fut remis à la justice de l'échevinage, condamné à la peine de mort par son président, *sire Elnart d'Elnes*, et exécuté l'année suivante par le bailli, Guilbert de Nédonchel, qui « ly fist copper la teste (1) ».

Le fils dudit maïeur Elnart d'Elnes portait le prénom de son aïeul : *Jean d'Elnes* et il était écuyer. Il fit montre à Arras, le 1ᵉʳ août 1380, avec cinq autres écuyers du pays dont *Guille de Honvaut*, sieur de *le Motte gisant à Lumbres-lez-Boulonnois*. De Jeanne de Corroy, sa femme, *Jean d'Elnes*, écuyer, laissa une fille *Mahaut d'Elnes*, qui épousa Jean de Sainte-Aldegonde, seigneur de Quembergue, hameau de la commune de Nordausque, près Tournehem.

Veut-on à présent retourner aux seigneurs d'Elnes de la première branche et en connaître la noble lignée ? Les cartulaires citent, au XIVᵉ siècle (1365-1378), le chevalier *Evantier*

(1) Arch. de Saint-Omer, CLXXII-8.

d'Elnes. Ce châtelain imita ses ancêtres. Pour se donner l'honneur de guerroyer ou d'accroître les biens du clergé, il vendit sa terre de Setques au chapitre de l'église cathédrale de Saint-Omer. Des lettres de la comtésse d'Artois, en date du 28 août 1381, accusent l'amortissement de cette cession (1).

Evantier d'Elnes épousa Jeanne de Monchy-Montcavrel (canton d'Etaples), dont le père Jean, sire de Montcavrel, servait en mai 1378, avec sept chevaliers et huit écuyers sous le gouvernement de M. d'Engoudsent.

Il en eut deux enfants : une fille *Marie d'Elnes*, et un fils *Guillaume*, historiquement connu sous le nom de *Monseigneur d'Elnes*.

Marie d'Elnes devint la femme de Guillaume d'Isques et la mère de Catherine d'Isques, mariée en premières noces à Jean, bâtard de Renty (2) seigneur d'Elnes et de Cléty, maître d'hôtel de Philippe le Bon et capitaine de ses archers de corps. Un jour, le 23 novembre 1459, sur l'ordre dudit duc de Bourgogne, Jean de Renty alla avec « quinze hommes d'armes et quarante-huit ar- « chiers » rencontrer à Lumbres « M. S. le Dau- « phin, sur le chemin de Saint-Omer, pour le « conduire jusques à Boullongne, et le ramener

(1) Hennebert, *Histoire générale de la province d'Artois*, t. 2, p. 403.

(2) Bâtardisse issue de père noble avait noblesse en Artois. — Coutumes d'Artois, paragr. 201.

« et conduire jusques auprès dudit lieu de Saint-
« Omer. En quoy lui et ses gens ont vaiqué
« jusques au dernier jour dudit mois de novembre
« où sont, les dits jours inclux, sept jours. » Il
fut alloué par le duc de Bourgogne « vi sols par
« jour pour chaque homme (1) ». Cette solde
semble minime ; elle n'était pourtant pas à dédai-
gnèr, attendu que la monnaie du xve siècle était
à la monnaie d'aujourd'hui dans le rapport pro-
portionnel de 1 à 60 Le « sol », appelé « dizain »
ou dix deniers tournois en billon valait 3 francs.
Conséquemment les hommes de Jean de Renty
reçurent chacun une prime de 18 francs par jour,
soit la somme de 126 francs pour leurs sept jours
de milice à Boulogne.

Sur la fin du siècle précédent, la châtellenie
d'Elnes passa aux mains du fils du chevalier
Evantier d'Elnes dit *Monseigneur Guillaume*.
Cette qualification n'était pas simplement ho-
norifique; elle réveillait dans les esprits l'idée
d'une grande propriété territoriale jointe à celle
d'autorité souveraine. Au reste, les meilleurs
titres témoignent du crédit exceptionnel que
messire Guillaume d'Elnes avait autour de lui.

Voici maints faits qui dépeignent l'homme et
mettent en relief la physionomie de son temps.

A l'exemple de ses pères Guillaume d'Elnes

____

1) Henri de Laplane, *Renty en Artois, son vieux château
et ses seigneurs*, p. 86.

débuta en créant, l'an 1384, une rente de 10 livres 40 sols prise sur son fief d'Assinghem-Wavrans, afin de contribuer à la fondation de deux chapelains dans l'église cathédrale de Thérouanne, qui venait d'avoir pour nouvel évêque Jean IV, dit Tabari (1). Et, quelques années après cette action louable, on voit le même personnage chicaner sans merci l'abbaye de Saint-Bertin à propos d'une coupe de bois. Le monastère possédait à Acquin le bois dit *Haugrève* ou *Hautegrève*, d'une contenance de 37 hectares 30 ares 10 centiares. Messire Guillaume d'Elnes était seigneur vicomtier du même village d'Acquin. Selon son droit, l'abbaye avait fait procéder à la coupe réglée du bois à elle appartenant de *Hautegrève-séans-lès-Acquin*, s'en réservant la moitié pour l'usage de ses religieux et concédant l'autre moitié à ses « hommes, « subgés et soubsmanans » en échange du travail de l'abatis, mais il incombait à ces derniers « d'enlever leur portion de bois avant la Saint « Jean-Baptiste ».

Devant la négligence des habitants d'Acquin et leur oubli plus ou moins volontaire du terme fixé « Monseigneur d'Enle sous umbre (prétexte) « de ce que il se dit avoir jurisdiction vicom- « tière sur le fons d'iceulx bos, de sa volonté il

---

(1) Borel d'Hauterive, *Armorial d'Artois et de Picardie* t. 2, p. 373.

« a carquié et fait carquier quatre quarrées des
« dis bos ainsi gesans et délaissés après le terme,
« disant qu'il les confisquait, et il a emmené les
« dite quatre quarrées, qui sont de la valeur de
« 40 sols parisis, en son *chastel de Enle* ou il
« les a et les détient sans les vouloir rendre ni
« restituer aux complaignans ».

De là procès long et animé entre les deux
seigneurs : l'abbé bertinien Jacques III de
Condète, originaire du Boulonnais, et messire
Guillaume, le châtelain d'Elnes.

Nos villageois de la vallée de l'Aa saisiront
sans effort dans les quelques extraits essentiels
des pièces originales de ce curieux démêlé
que j'ai transcrites à dessein, une ressemblance
frappante entre leur langage actuel et le
vieux parler français de leurs pères du moyen
âge.

Jusqu'à la création du Conseil d'Artois en 1350,
le bailli d'Amiens seul ou son lieutenant à
Montreuil connaissait des cas royaux pour la
contrée de Lumbres.

La plainte fut portée devant le bailliage de
Montreuil, le 4 octobre 1394.

Par mandement du prévôt de cette ville le
sergent royal, Bertran Anezart, se rendit, le
13 suivant, « en le ville d'*Enle*, au *castel* et
« domicile de noble homme *Monseigneur*
« d'*Eulle*, chevalier, à le maison de la dame

« mère dudit chevalier (1) et parlant à le per-
« sonne de Leurent de Monchy, il lui signifia
« d'avoir à estre et comparoir par devant luy sur
« l'âtre de Lumbres (2), pour de là aller sur les
« lieux contemptieux (contentieux).

Le jour dit, 19 octobre 1394 « maître Enger-
« rand d'Enlle. procureur dudit chevalier Mon-
« seigneur d'Eulle et Leurent de Monchi se
« rendirent au bois de la Haultegrève, séans-lez
« Acquin » où ils entendirent sommer « Messire
« Guillaume, seigneur d'Eulle » d'avoir à compa-
raître devant le tribunal de Montreuil.

Le principal assigné n'avait pu être personnel-
lement touché par l'acte judiciaire. Homme
de guerre, le châtelain d'Elnes se trouvait
occupé dans une expédition en Lombardie
sous le commandement du duc de Valois,
frère du roi de France Charles VI ; ce qui n'em-
pêcha pas de le condamner à restituer les
« quartées de bois confisquées ».

Aussitôt mis au courant de cette sentence le
roi de France enjoignit, par lettre du 21 octobre,
de suspendre toute poursuite contre « ledit che-
« valier jusques en un mois après son retour ».
A cette ordonnance d'une royauté défaillante et

----

(1) C'est-à-dire Anne de Monchi-Montcavrel, femme de feu
le chevalier *Evantier d'Elnes*, qui sont les auteurs de messire
Guillaume d'Elnes.

(2) En d'autres termes, la place de l'ancien cimetière située
entre la papeterie de M. Canonne et le château de M. Yves de
Raismes, convertie aujourd'hui en jardin public.

tombée en démence, le lieutenant du prévôt de
Montreuil, Colart de Boves, riposta en réassi-
gnant « le seigneur d'Enle et consorts à Lumbres,
« au *moustier* (1) de le dicte ville, pour de là
« aler sur les lieux contemptieux. »

En se voyant actionnés de la sorte, les manda-
taires du châtelain d'Elnes se mirent à faire une
charretée de bois de toute essence, y compris
« huit testars d'Engleterre » (2) qu'ils voiturèrent
au bois de Hautegrève. Par malheur, l'ensemble
de la compensation « ne valoit point les quatre
« quarrées de bois confisquées » ; ce qui attira,
pour la troisième fois, le 8 mars 1396, le sergent
royal, Bertran Anesart, « en le ville d'Enle » où
il déposa un commandement « aux domicillez de
« noble homme monseigneur d'Enle, chevalier,
« et consorts, adjournant les dessus dis et chas-
« cun d'eux au dimence prochain ensuivant à
« estre et comparoir, pardevant my, au bos de
« Haugreve, par dedans heure de midi...» Il faut
penser que les gens du château d'Elnes aimèrent
mieux aller entendre, ce dimanche du 28 mars
1396, le prône de leur curé que l'exploit du prévôt de Montreuil, puisque l'officier de justice dut
se contenter de verbaliser pour la forme, per-

----

(1) Le mot *moustier* signifie la maison construite à Lumbres
par le monastère de Saint-Bertin pour son prévôt.

(2) Arbres : le chêne, le saule, le frène, que l'on étêtait pour
en avoir de grosses branches que l'on coupait tous les sept ou
tous les neuf ans.

sonne n'ayant répondu à la citation (1). L'affaire avait duré dix-sept mois !

Une autre circonstance, que j'ai déjà racontée, fait également ressortir la haute personnalité du châtelain d'Elnes. Pour s'opposer aux Anglais qui possédaient le Calaisis et couraient partout « détruisant et ardant (brûlant) », on songea à rétablir la forteresse d'Acquin et à fortifier les murs et la tour de Lumbres. Les termes des actes officiels relatifs à ces divers travaux de défense exposent nettement que le roi Charles VI ap- prouva, le 24 avril 1415, leur plan tracé par « *nostre filz, messire Guillaume seigneur* « *d'Elne*, Morelet et Marquet de Honvaut, « frères demeurans à Lumbres ».

Peu après éclatait le troisième désastre de la guerre de cent ans, la défaite d'Azincourt. Notre châtelain, messire Guillaume d'Elnes, chevalier, périt avec la noblesse française dans cette triste journée du 15 octobre 1415. Ses droits passèrent en ligne directe à *Jacques d'Elnes*, fils de Monseigneur d'Eulle et d'elle de la Motte, fille du sieur de Bléquin.

Un titre du 25 juillet 1433 cite « Monsgr Jaques d'Eules » signant l'acte de vente d'une « rente de 22 sols parisis pour la moitié de six

(1) Grand Cartulaire. Original, t. V, numéros 279 à 288, pp. 546-563.

« quartiers de pré gisans au terroir de *Samettes*
« *en la paroiche de Lumbres* (1) ». ·

Autant jaloux que ses ancêtres des prérogatives attachées à sa qualité de seigneur vicomtier
d'Acquin messire Jacques d'Elnes alla jusqu'à
s'attribuer le droit d'*écouage* ou d'inspection et
de la levée « des corps morts, noyés, désespérés
« ou occis sur les chemins publics ».

Les religieux bertiniens s'émurent d'une pré-
tention aussi contraire au droit féodal. En réalité
l'écouage relevait exclusivement des seigneurs
haut justiciers.

Ils appelèrent le châtelain d'Elnes en justice
devant le tribunal du bailliage de Montreuil qui,
par sentence du 17 août 1440, interdirent à « Mon ·
« seigneur Jaques d'Eulle tous « écouaiges ès
« flos et flégars du village d'Acquin et tous empê-
« chemens qui pourroient être mis à la circulation
« sur les chemins publics (2) ».

Propriétaire de fiefs et chevalier (miles), Jaques
d'Elnes devait, comme tous ses devanciers, le ser-
vice militaire au comte d'Artois, Philippe le Bon, et
l'entretien à ses propres frais d'un certain nombre
d'hommes d'armes. Cette charge très onéreuse
l'obligea à aliéner deux rentes sur ses biens à
Coyecques : l'une *perpétuelle* et en *sourcens*,

---

(1) Cartulaire de la Chartreuse du val de Sainte-Aldegonde
(ms. 901 de la bibl. de Saint-Omer, f° 286 v°, 1433, 25 juillet.)
(2) Grand Cart. Original, t. VI, n° 382, p. 597.

qu'il céda, le 11 avril 1443, à Simon de Lannoy ;
l'autre, d'un revenu annuel de 8 livres parisis
qui fut vendu, le 31 suivant, à l'abbaye de Saint-
Bertin par ses procureurs Jean Clenleu, curé de
Remilly-Wirquin et Jehan de Wavrans. Le
capital de cette dernière rente, qui était évalué
à 10 livres 10 sols fut intégralement remboursé
par la susdite abbaye, le 4 janvier 1459, à
« noble dame Jehenne de Hames, veuve de
« messire Jacque d'Eule, en son vivant chevalier
« et seigneur d'Eule (1) ».

Des deux femmes qu'il épousa « Jacques
d'Esnes-en-Artois marié en premières noces à
« Jeanne de Seninghem, fille de Gilles de la
branche cadette, ne laissa qu'une fille *Marie
d'Esnes-en-Artois*, laquelle prit en mariage
Louis de Ghistelles, seigneur de Wispenhoff (2).

Messire Jacques d'Elnes est le dernier châtelain du village portant le vocable patronymique
de *Elnes*.

Le manoir féodal qu'il occupait héréditairement
constitue un vaste parallélogramme flanqué de
deux tourelles aux angles extérieurs sur vue de
la basse-cour, défendu par un fossé circulaire
aujourd'hui comblé avec pont-levis, également
disparu, et muni de nombreuses dépendances,

(1) *Ibid.*, t. VI, n° 418, p. 648.
(2) Du Hays, *Esquisses généalogiques*, p. 68.

les écuries, les chenils, la fauconnerie et les logements des gros valets.

C'est à l'action du mouvement féodal que la deuxième forteresse de défense, établie à Elnes, dans la vallée de l'Aa contre les si désastreuses invasions normandes des xe et xie siècles, doit l'importance de sa transformation en un château-fort indiscutablement caractérisé d'époque par ses escaliers en hélice communiquant de bas en haut jusqu'aux combles, presque les seuls qui aient été employés de cette façon au moyen âge, par les pièces voûtées du rez-de-chaussée, l'épaisseur de leurs murs de refend et la présence de petits cabinets dans la rotonde des deux tourelles.

A. COLLET.

Wavrans-lez-Elnes, juin 1912.

Extrait du *Bulletin de la Société Académique de Boulogne-sur-mer*, tome IX.

www.ingramcontent.com/pod-product-compliance
Lightning Source LLC
Chambersburg PA
CBHW051356050726
47595CB00006B/2579